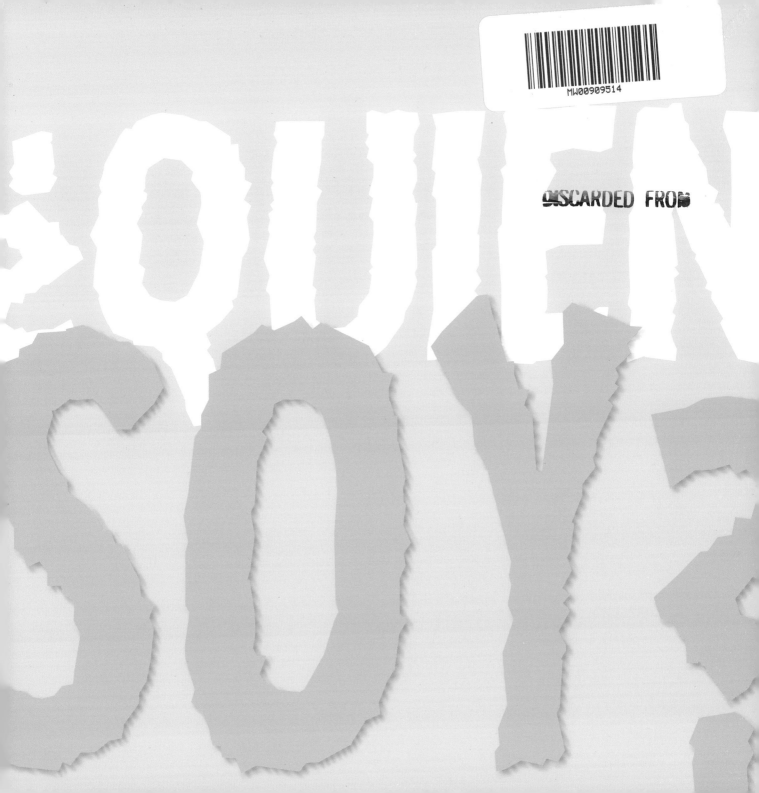

¿QUIÉN SOY?

¿Quién soy?

EL PERRO

Montse Ganges
Anna Clariana

Combel
E D I T O R I A L

www.combeleditorial.com

HOLA, SOY UN PERRO.
ADIVINA SI SOY GRANDE O PEQUEÑO
Y SABRÁS CÓMO ME LLAMO.

Hola, soy un perro.
Adivina si soy grande o pequeño
y sabrás cómo me llamo.

2

¿ME LLAMO ENANO O GIGANTE?

¿Me llamo Enano o Gigante?

ADIVINA SI SOY GRANDE O PEQUEÑO
Y SABRÁS CÓMO ME LLAMO.

Adivina si soy grande o pequeño
y sabrás cómo me llamo.

6

¿ME LLAMO GRANO O MONTAÑA?

¿Me llamo Grano o Montaña?

ADIVINA SI SOY GRANDE O PEQUEÑO
Y SABRÁS CÓMO ME LLAMO.

Adivina si soy grande o pequeño
y sabrás cómo me llamo.

¿ME LLAMO HORMIGA O DINOSAURIO?

¿Me llamo Hormiga o Dinosaurio?

ADIVINA SI SOY GRANDE O PEQUEÑO
Y SABRÁS CÓMO ME LLAMO.

Adivina si soy grande o pequeño
y sabrás cómo me llamo.

14

¿ME LLAMO GOTA U OLA?

¿Me llamo Gota u Ola?

16

¡PUES YO NO SOY NI GRANDE NI PEQUEÑO!

¡Pues yo no soy ni grande ni pequeño!

19

YO SOY MEDIANO Y NO SÉ CÓMO ME LLAMO.
¿ME PONES TÚ EL NOMBRE?

Yo soy mediano y no sé cómo me llamo.
¿Me pones tú el nombre?

21

¿RECUERDAS NUESTROS NOMBRES?

ENANO

MONTAÑA

DINOSAURIO

....

OLA

LOS PERROS SOMOS ANIMALES DE COMPAÑÍA.

AHORA YA NOS CONOCES.
SI ALGUNA VEZ TIENES UN PERRO EN CASA,
CUÍDALO BIEN, ¿EH?

Ahora ya nos conoces.
Si alguna vez tienes un perro en casa,
cuídalo bien, ¿eh?